AF339052

LE SALUT

DE

LA FRANCE

SOLUTION DANS UN RÊVE

PAR

Eugène VIVARÈS

Ancien Adjoint de la ville de Cette

« Dans tous les cas, c'est le rêve d'un
honnête homme ! »

10 JANVIER 1871

MONTPELLIER

TYPOGRAPHIE DE PIERRE GROLLIER, RUE DU BAYLE, 10

1871

AU LECTEUR

Malade depuis long temps et forcé de garder la chambre, mes réflexions se tournent naturellement vers le sujet qui attire, en ce moment, les préoccupations de tous les bons citoyens, et j'envisage, non sans amertume, la situation lamentable qui est faite à notre malheureux pays.

Cette fixité de pensées diurnes a produit ses résultats ordinaires, et, pendant une de ces dernières nuits, j'ai fait un rêve étrange, qui m'a paru offrir une solution inespérée. Comme l'ensemble des idées qui en proviennent ne sont pas aussi excentriques que le sont ordinairement les songes d'un malade, *œgri somnia*, j'ai résolu d'en fixer le souvenir. Peut-être le lecteur trouvera-t-il, comme moi, que, pour provenir du pays des chimères, cette solution est assez rationnelle, et que si les hauts personnages qui sont en scène voulaient s'y prêter un peu, elle pourrait devenir pour nous la voie véritable du salut.

LA paix était conclue définitivement avec le roi Guillaume : à quelles conditions? Je ne saurais le dire; mais enfin on était tombé d'accord. Les blonds enfants de la Germanie reprenaient la route du Rhin, à notre grande satisfaction, et le nouvel empereur d'Allemagne retournait vers sa chère Augusta. Il ne restait plus à régler que la question intérieure, problème ardu et difficile, qui pouvait à chaque instant être compliqué par des événements imprévus.

Toutefois le gouvernement de la Défense nationale, s'inspirant de l'honnête pensée qu'il avait eue dès l'origine, de se donner cette appellation, qui excluait toute idée préconçue, et impliquait au contraire le parti arrêté de faire appel à la volonté nationale, avait décidé que la question de la forme du gouvernement serait soumise au vote universel, et que dans le but d'appeler la lumière sur ce sujet, une pleine liberté de discussion serait laissée à l'avance à la presse et à l'opinion publique.

Il s'était produit alors une avalanche d'opinions de toute nuance et de toute portée : sages ou excentriques, ultra-violentes ou modérées. On avait surtout agité le point essentiel de savoir si, à l'exemple des

Espagnols, on nommerait d'abord une Assemblée nationale, qui serait elle-même chargée de statuer sur la forme du gouvernement, — Monarchie ou République, — ou bien si le vote universel serait appelé à répondre directement à cette question. L'immense majorité n'avait pas eu de peine à prouver que, la conviction individuelle, pour la forme monarchique ou républicaine, étant une affaire de sentiment, pour laquelle le pâtre le plus ignare des Pyrénées était aussi apte à formuler ses préférences que le membre le plus savant du Bureau des Longitudes, il y avait lieu de conclure que l'intervention d'un représentant ou d'un mandataire était parfaitement inutile.

Partant de ce principe, on s'était arrêté aux résolutions suivantes :

1º De renouveler d'abord toutes les municipalités d'origine révolutionnaire ou instituées par le bon plaisir des préfets. Il coulait, comme de source, que ces commissions municipales étaient sans mandat régulier et n'offraient pas de garanties suffisantes pour présider à des élections loyales et libres. On insistait surtout sur cette considération d'un ordre supérieur, que le conseil communal, par suite des attributions que la loi électorale confère à ses membres, était la base fondamentale, l'assise large et robuste qui devait supporter le reste de l'édifice, et qu'il était indispensable que ces assemblées fussent le produit vrai et sincère du suffrage souverain, si l'on voulait entourer des mêmes garanties de liberté et de sincérité les élections d'un degré supérieur ;

2º Une fois ces élections terminées, on devait consulter directement le vote universel sur la question de *Monarchie* ou de *République* ;

3º Enfin, après ce vote, il ne resterait plus qu'à procéder à la nomination d'une assemblée nationale pour désigner le *Président*, dans l'hypothèse de République, ou le *Roi*, dans l'hypothèse de Monarchie.

Dans l'intervalle de la publication des décrets de convocation, toutes les opinions avaient mis flamberge au vent pour défendre : les uns, l'excellence des institutions républicaines ; les autres, les avantages du principe monarchique. Ces derniers avaient soulevé des objections imprévues qui ne laissaient pas que d'embarrasser fortement leurs adversaires. Ils leur disaient, en effet : « Vous nous parlez toujours de République *une et indivisible*, où en avez-vous un seul exemple dans les cinq parties du monde ? Nous n'y connaissons que deux pays, les États-Unis et la Suisse, qui vivent sous le gouvernement républicain ; mais ce sont deux Républiques *fédératives*. Votre République unitaire dans un pays de 40,000,000 d'habitants ne sera jamais qu'un mythe, une chimère, un problème aussi difficile à résoudre que la quadrature du cercle. Elle sera toujours condamnée à sombrer dans l'effroyable dictature d'un homme ou d'une assemblée.

» Vous en avez fait d'ailleurs deux essais qui ne sont pas bien encourageants. Le premier a conduit aux crimes et aux atrocités de la terreur ; le second, aux journées lugubres du 15 mai et du 24 juin 1848.

» D'ailleurs combien êtes-vous de républicains honnêtes qui voudriez que la République fût un gouvernement et non pas l'absence de tout gouvernement? Vous êtes en si petit nombre que vous n'osez jamais vous séparer de cette tourbe d'énergumènes qui vous pousse et qui vous gouverne. En vain ils vous accablent d'injures; ils se livrent envers vous à des sévices graves (comme à l'Hôtel-de-Ville); ils ne reculent pas même devant la guerre civile et les coups de fusil. Le premier jour vous vous montrez fort irrités, vous les jetez en prison. « Il faut, dites-vous, que force reste à la loi. » Mais, le lendemain, vous les relàchez; vous vous embrassez derrière la coulisse, et tout est oublié! Parce que vous reconnaissez, au fond de votre conscience, que ce sont les mêmes hommes qui vous ont fait ce que vous êtes, et que vous n'êtes pas bien sûrs de ne pas encore avoir besoin de leurs services.

» Mais si votre République n'a pas une physionomie aimable au dedans, en revanche elle fait une figure encore plus triste et plus maussade à l'étranger. Les épileptiques de votre avant-garde ne cessent de parler de République universelle, des États-Unis d'Europe, de la fraternité des peuples, du renversement de tous les trônes et autres clichés démodés, qui devraient être à la vieille fonte depuis longtemps. Comme ces démonstrations sont habiles et opportunes, et capables de nous attirer les sympathies de l'Europe, alors que nous en aurions un si grand besoin! »

Toutes ces objections avaient produit l'impression la plus profonde sur la masse de la population honnête et conservatrice, qui formera toujours, quoi qu'on en dise, la partie active, intelligente et désintéressée de la nation, et au jour solennel du vote, l'immense majorité s'était prononcée pour la *forme monarchique*.

Restait à régler le choix du souverain, ce qui n'était pas la besogne la moins délicate et la moins ardue.

Pendant ce temps, il s'était produit un autre événement de la plus haute importance. Tous les partis monarchiques, sans exception, avaient compris qu'en présence des blessures saignantes de la France, il était temps de montrer un peu de patriotisme, et de faire trêve à ce long système de haine et de rancunes réciproques, poussées jusques à l'abêtissement, et qui ne pouvait avoir à la longue pour effet que de les démonétiser, de les avilir et de les rendre tous également impossibles.

Il était avéré désormais que, par suite de l'avènement de la dynastie de 1830, dynastie qui n'avait pas eu d'héritier, et de celle non moins avortée de 1852, il fallait compter sur quatre partis bien distincts : Légitimistes, Orléanistes, Impérialistes et Républicains, en considérant les Républicains comme un groupe homogène (ce qui est fort contestable).

Or, une expérience de 40 années avait prouvé surabondamment que, lorsqu'un de ces partis est au pouvoir, il est de règle invariable que les trois autres renouvellent, avec un manque absolu de sincérité, le fameux *baiser Lamourette*, et se coalisent contre celui qui gouverne. Par suite, le pouvoir, en quelques mains qu'il fût, condamné à être perpétuellement en minorité; ou, en d'autres termes, le gouvernement de la France devenu un problème radicalement insoluble.

Il fallait donc, à tout prix, sortir de cette impasse, et dans ce but il était indispensable que les trois partis monarchiques, qui étaient déjà d'accord sur les grands principes de conservation sociale; les légitimistes, les orléanistes, et même les impérialistes (qui, avant 1852, n'existaient pas à l'état de parti distinct, mais n'étaient en réalité que des légitimistes ou des orléanistes, ralliés à un gouvernement de fait, qui à ce moment avait eu sa raison d'être), s'entendissent également sur le nom du chef monarchique qui devait être chargé d'appliquer ces principes et de relever la France de ses ruines.

C'est ainsi seulement que pouvait se rétablir le grand parti de l'ordre, le parti monarchique constitutionnel et libéral, auquel devaient se rallier aussi beaucoup de républicains sincères et désabusés.

Alors seulement la situation deviendrait nette et limpide : d'un côté, une écrasante majorité, formée de la France monarchique et libérale; de l'autre, une minorité infime, composée du parti de la révolte en permanence et de la liquidation sociale.

De leur côté, les princes de la famille d'Orléans, mieux conseillés que par le passé, avaient loyalement reconnu que le premier déraillement fatal de la voie directe avait eu lieu en 1830, et que, malgré toute l'habileté et toute la valeur personnelle des hommes qui avaient prêté leur concours au roi Louis-Philippe, ce règne n'avait été qu'une longue et regrettable usurpation, qui ne pouvait finir que par la catastrophe de 1848. En conséquence, ils avaient résolu de faire leur soumission franche et entière au représentant du principe monarchique.

L'entrevue des deux branches de la maison de Bourbon, ménagée par les soins d'amis communs, avait eu lieu de part et d'autre, avec la plus grande effusion; la réconciliation avait été sincère et définitive.

A la suite de cet heureux pacte d'union, M. le Comte de Chambord, élevé à l'école du malheur et dirigé par les plus nobles sentiments personnels, touché d'ailleurs de cet acte spontané de soumission et de fidélité de ses parents, avait été amené lui-même à se livrer aux plus graves méditations.

Il avait réfléchi qu'il était sans enfants, que s'il montait lui-même personnellement sur le trône de ses pères, il pourrait à un moment donné rendre nécessaire une transmission de pouvoirs toujours fâcheuse, et qui pouvait être facilement évitée. En ceignant lui-même la couronne, il se voyait d'ailleurs particulièrement obligé de ramener avec lui, dans les régions du pouvoir, une foule de serviteurs très-dévoués, et dont les longs services méritaient sans doute toute sa reconnaissance, mais qui avaient le tort d'apporter avec eux des idées surannées, des préjugés vieillis et des habitudes démodées.

N'était-il pas à craindre que ces revenants d'un autre âge, qu'on accusait *de n'avoir rien appris et rien ou-*

blié, s'ils étaient appelés à participer activement au pouvoir, ne voulussent ressusciter des traditions éteintes et des institutions décrépites, et qu'ils n'arrivassent par là à froisser des monarchistes tout aussi dévoués, mais élevés dans le giron de la société moderne, et à créer, autour de la nouvelle dynastie, les mêmes embarras et les mêmes obstacles contre lesquels avait eu à lutter l'auguste auteur de la charte en 1814 ?

Avec la pénétration instinctive d'un esprit droit et exempt de préjugés, l'héritier de nos Rois avait compris que les progrès de la raison publique avaient apporté, depuis 40 ans, de profonds changements dans les mœurs et dans les rapports sociaux, et qu'il y avait certaines idées, irrévocablement acceptées, contre lesquelles il serait imprudent et dangereux de se heurter désormais. Parmi ces idées nouvelles, une des plus profondément enracinées était, sans contredit, celle qui consistait à reconnaître que, dans notre société, telle que l'avaient faite tant de bouleversements successifs, les hommes n'avaient plus d'autres titres réels que ceux qui résultaient de leur valeur personnelle.

Que s'il était vrai de dire, suivant l'heureuse pensée de M. de Talleyrand, que la noblesse d'origine ne saurait, en aucun cas, être un obstacle, et si, à ce point de vue, il était juste et politique à la fois de faire une large place dans les affaires publiques aux descendants des anciennes familles qui, avec de l'aptitude au travail, donneraient des preuves d'intelligence et de dévouement au pays, en revanche, il devait être bien entendu, pour ce qui regarde ces fastueux inutiles, qui consacrent la majeure partie de leur existence au culte des chevaux et des courtisanes, qu'il ne suffisait point d'avoir un nom précédé d'un titre quelconque ou d'une particule, pour se lancer à pieds joints dans les fonctions publiques de tout ordre, et que tout ce qu'ils pouvaient réclamer, c'est qu'on les laissât continuer obscurément leur vie de dissipation et de luxe.

Toutes ces raisons, mûrement pesées, avaient amené les deux branches réunies de la maison de Bourbon à formuler des résolutions éventuelles, qui n'avaient pas pour but d'empiéter sur les droits de l'assemblée souveraine, mais qui avaient seulement l'avantage d'offrir à l'avance aux hommes indécis et désorientés une solution toute prête. Il avait été, en effet, reconnu que, le principe d'hérédité monarchique ayant cessé depuis longtemps d'être apppliqué à la France, il était indispensable de consulter la nation, au moins une fois pour toutes, pour rentrer dans le droit.

Voici maintenant les résolutions importantes qui avaient été prises d'un commun accord :

1° S. A. le Comte de Chambord adopte le Comte de Paris, abdique en sa faveur et lui cède son nom, ses titres et ses droits à la couronne de France ;

2° En conséquence, S. A. le Comte de Paris règnera immédiatement sous le nom d'*Henri V;*

3° Les trois couleurs sont conservées pour le drapeau national ;

4° La Royauté est essentiellement irresponsable ; la responsabilité ministérielle deviendra une vérité ;

5° S. A. le Comte de Chambord sera le premier prince du sang, il aura le pas sur tous les autres dans les cérémonies publiques, il aura voix dans le Conseil des Ministres ; en sa faveur seront rétablies les fonctions honorifiques de grand Connétable de France ;

6° Une amnistie générale est décrétée, par suite de laquelle tout le passé sera laissé dans l'oubli, et aucun français indistinctement ne pourra être recherché, ni molesté, pour ses opinions politiques antérieures ;

7° Dès que l'Assemblée nationale aura ratifié ces résolutions, le principe traditionnel d'hérédité légitime, de mâle en mâle et par ordre de primogéniture, deviendra la forme *définitive et irrévocable* du Gouvernement français.

Tous les autres détails, comme la rédaction d'une charte, etc., etc., avaient été laissés à l'initiative de l'Assemblée.

Cette réconciliation si désirable des deux branches, ces accords anticipés, avaient été bien vite mis en circulation, et la bonne nouvelle s'était répandue comme une traînée de poudre. Ce dénouement inespéré, qui tirait notre malheureux pays d'une situation inextricable et lui promettait un long avenir de bonheur et de paix, avait excité partout un si grand enthousiasme, que l'assemblée élue avait dû céder aux aspirations de l'opinion publique, et ratifier toutes les dispositions antérieures.

A partir de ce moment, les événements s'étaient succédé avec une rapidité vertigineuse. S. M. le Comte de Paris avait été sacré dans la cathédrale de Rheims, et le même jour, DANS TOUTES LES ÉGLISES DE FRANCE, IL SE CHANTA UN *Te Deum* COMME IL N'EN AVAIT JAMAIS ÉTÉ CHANTÉ !... (1)

Ici finit mon rêve !...
Dans tous les cas, c'est le rêve d'un honnête homme. Puisse-t-il se changer en prédiction !...

Eug^e VIVARÈS.

Cette, 10 janvier 1871 (2).

---

(1) Prophétie de Blois.
(2) Cet écrit était rédigé depuis longtemps, mais l'auteur n'a pas jugé opportun de le publier plus tôt.

BIBLIOTHÈQUE NATIONALE
R.F.
IMPRIMÉS.